초등학생의 진로와 직업 탐색을 위한
잡프러포즈 시리즈 40

항공교통관제사는 어때?

차례

항공교통관제사 유영미·임은정의 프러포즈

- 항공교통관제사 유영미·임은정의 프러포즈 … 10

항공교통관제사는 누구인가요?

- 항공교통관제사는 누구인가요? … 15
- 항공교통관제사가 하는 일은 무엇인가요? … 16
- 관제하는 업무에 따른 공역을 잘 지켜야 해요 … 20
- 조종사와 교신을 잘해야 해요 … 22
- 국제민간항공기구의 규정을 따라요 … 24

항공교통관제사가 되려면

- 집중력이 필요해요 … 29
- 판단력과 순발력, 협동심도 있어야 해요 … 31
- 항공 분야에 대한 경험을 쌓으면 좋아요 … 32
- 영어는 필수! … 33
- 항공교통관제교육원이 있는 곳으로 진학해요 … 34
- 준비되었다면 자격시험에 응시해요 … 35
- 일하고 싶은 곳의 관제사로 지원해요 … 36

CHAPTER 04 항공교통관제사의 세계

- 한정자격증을 취득해요 … 41
- 관제업무는 24시간 멈추지 않아요 … 43
- 안전을 위한 여러 가지 훈련과 교육이 있어요 … 45
- 관제업무는 날씨의 영향을 많이 받아요 … 47
- 항공산업의 발달로 관제사의 미래는 밝아요 … 50

CHAPTER 05 항공교통관제사의 매력

- 질서를 만들어내는 매력 … 55
- 아무 일 없이 퇴근할 때의 보람 … 56
- 조종사들에게 도움이 되는 뿌듯함 … 57

CHAPTER 06 항공교통관제사의 하루

- 항공교통관제사의 하루 … 61

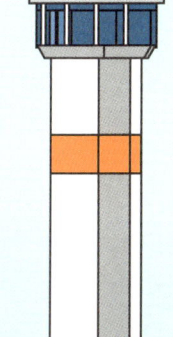

CHAPTER 07 항공교통관제사의 마음가짐

- 😊 날씨를 살펴보는 습관이 … 67
- 😊 일상에서 관제 용어를 사용하기도 … 69
- 😊 실수하지 않아야 한다는 부담감이 있어요 … 70
- 😊 가벼운 운동으로 스트레스를 해소해요 … 71

CHAPTER 08 항공교통관제사 유영미를 소개합니다

- 😊 성실하고 책임감 있는 어린 영미! … 75
- 😊 드라마를 보고 생긴 꿈, 관제사 … 76
- 😊 한국항공대학교에 진학 … 77
- 😊 단독 근무하던 날의 떨림 … 78
- 😊 여전히 업무 현장이 좋아요 … 79

CHAPTER 09 항공교통관제사 임은정을 소개합니다

- 😊 피아니스트가 되고 싶었던 어린 시절 … 83
- 😊 인생을 바꿔놓은 신문 기사 하나! … 84
- 😊 꿈을 향한 여정 … 86
- 😊 새로운 경험을 하고 싶은 꿈이 있어요 … 87

10문 10답

- ☺ 이 직업을 잘 묘사한 영화나 드라마가 있다면? ⋯ 91
- ☺ 국토교통부 소속 항공교통관제사는 얼마나 되나요? ⋯ 92
- ☺ 연봉은 얼마인가요? ⋯ 93
- ☺ 전 지구적으로도 공역이 나뉘어 있나요? ⋯ 94
- ☺ 관제업무가 몰리는 시간도 있나요? ⋯ 96
- ☺ 관제사와 조종사는 어떤 관계인가요? ⋯ 98
- ☺ 조종사와 교신할 때 어려운 점은 무엇인가요? ⋯ 99
- ☺ 공항 주변에 드론이 발견되면 어떻게 하나요? ⋯ 100
- ☺ 높이 솟아있는 관제탑은 태풍에도 안전한가요? ⋯ 102
- ☺ 급변풍이 위험하다던데, 어떻게 대처하나요? ⋯ 103

항공교통관제사 업무 엿보기

- ☺ 항공교통관제사 업무 엿보기 ⋯ 107

나도 항공교통관제사

- ☺ 나도 항공교통관제사 ⋯ 119

항공교통관제사 유영미·임은정의 프러포즈

 안녕하세요, 어린이 여러분! 인천국제공항 근처에 위치한 서울접근관제소에서 근무하는 항공교통관제사 유영미, 인천공항 관제탑에서 근무하는 항공교통관제사 임은정입니다.

 여러분은 공항이란 단어를 떠올릴 때 무엇이 제일 먼저 생각나시나요? 여행에 대한 설레임, 그리운 가족을 볼 수 있다는 행복함, 항공기 등등. 많은 사람이 이런 것들을 떠올리며 행복할 거라 생각합니다. 이런 행복감을 떠올리게 만드는 것 중의 하나가 바로 항공기죠.

 항공기하면 조종사, 승무원, 정비사와 같은 직업이 먼저 생각나겠지만 항공기와 밀접한 관련이 있는 직업 중에 항공교통관제사도 있어요. 하늘의 교통경찰, 하늘의 신호등 같은 역할을 하는 사람이죠. 땅에는 자동차들이 다닐 수 있는 도로가 있듯이 하늘에도 항공기들이 다닐 수 있는 길, 비행로가 있어요. 땅에는 신호등이 있어서 자동차들이 이 신호 규칙에 따라 이동하고 신호등이 고장 나면 교통경찰들이 차량을 안전하게 통제하죠. 그런데 하늘에는 이와 같은 신호등이 없으니 관제사가 교통경찰의 역할을 해요. 항공교통관제사는 항법시설이나 계기시설, 각종 규정 및 합의서 등을 숙지하고 이것들을 고루 접목시켜 항공기가 안전하게 하늘을 다닐 수 있도록 교통정리를 하는 거예요. 항공기가 출발지 공항에서 이륙해서 도착지 공항에 착륙하기까지 많은 관제사들이 항공기가 안전하고 신속하게 이동할 수 있도록 유도하고 통제하죠. 여러분들이 항공기를 이용해서 안전하고 행복하게 여행하고 업무를 볼 수 있게 되는데 관제사도 큰 역할을 한다고 생각하면 됩니다.

 항공교통관제사는 사람들이 안전하게 세계 곳곳을 여행가고 일할 수 있도록 도와주는 직업이기 때문에 일을 통해 더 많은 보람과 성취감을 느낄 수 있다고 자신있게 이야기할 수 있어요. 저희는 여러분을 관제업무의 현장에서 만날 것을 기대하며 기다리고 있겠습니다.

- 항공교통관제사 유영미·임은정

2장에서는?

하늘의 신호등, 하늘의 교통경찰 역할을 하는 항공교통관제사! 넓은 하늘을 작은 화면에 담아 항공기 운행에 질서를 부여하는 일을 한다고 해요. 어떤 원칙에 따라 어떤 일을 하는지 자세히 알아보아요.

항공교통관제사는 누구인가요?

항공교통관제사 ATC: Air Traffic Controller 는 항공기의 안전하고 원활한 운행을 위해 항공교통을 관리하고 통제하며 항공기에 필요한 정보를 제공하는 일을 하는 사람이에요. 비행 중인 항공기의 흐름을 순조롭게 하고, 항공기 간의 충돌, 항공기와 장애물 간의 충돌을 방지하는 업무를 주로 합니다. 이를 위해 조종사와 직접 무선통신으로 소통하며 항공기 이·착륙 순서 및 시기, 비행 방법을 지시하고 교통 정보를 비롯해 비행을 위한 각종 정보를 제공하죠. 항공기가 이·착륙할 때 가장 필요한 정보는 바람의 방향, 속도, 눈으로 볼 수 있는 거리(가시거리), 사용 활주로에 관한 사항 등인데요. 이런 최신 공항 정보를 제공해 항공기가 안전하게 이·착륙할 수 있도록 돕는 일을 합니다. 항공교통관제사는 지상에서 레이더 등을 보며 항공기의 모든 운항 과정을 안내하고 통제해요. 항공기는 승객을 탑승시켜 출발 공항에서 이륙해 목적 공항에 착륙할 때까지 운항하는 전 구간 동안 항공교통관제사와 통신하며 안전하게 운항하게 되는 거예요.

항공교통관제사가 하는 일은 무엇인가요?

　항공교통관제업무는 비행장관제업무, 접근관제업무, 지역관제업무로 나뉘어 있어요. 비행장관제업무는 공항 관제탑 TWR: Aerodrome Control Tower에서, 접근관제업무는 접근관제소 APP: Approach control에서, 지역관제업무는 지역관제소 ACC: Area Control Center에서 하지요. 항공기의 운항을 기준으로 살펴보면 공항에서 항공기가 정상적으로 이륙을 완료할때까지는 관제탑관제사의 지시를 받고, 이륙한 후 항공로에 진입할 때까지는 접근관제소 관제사와 통신해요. 항공로에 들어서면 지역관제업무를 하는 관제사와 통신하죠. 국제선 항공기는 출발 공항에서 목적 공항까지 비행할 때 여러 국가의 공역을 지나가야 해요. 하늘도 국경이 있기 때문인데요. 그때마다 관제 이양*을 받아요. 이륙할 때와 마찬가지로 착륙할 때도 공항에 접근하면 접근관제소와 통신하고 착륙 과정에서는 관제탑 관제사와 교신하죠. 여기서는 각각의 관제업무가 어떻게 구분되는지 알려드릴게요.

---

* 관제 이양(Trasnfer of Control)이란 항공기에 대한 항공 교통 관제 업무 제공 책임이 한 관제기관 또는 관제 위치에서 다음 관제기관으로 넘어가는 것을 말해요.

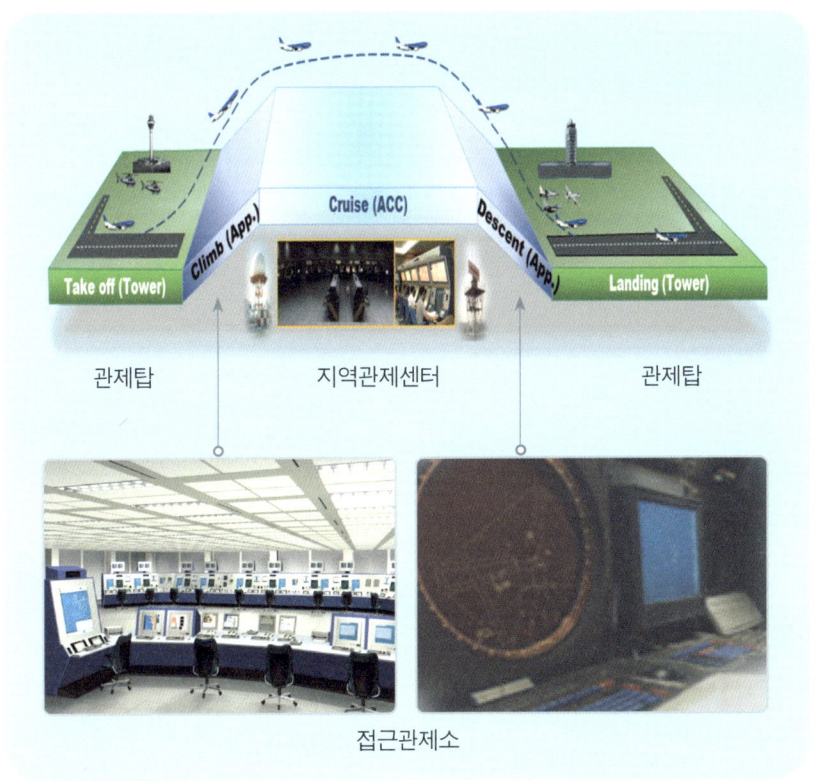

출처 - 국토교통부 항공교통본부

비행장관제업무

비행장관제업무는 여러 가지가 있어요. 먼저 이·착륙하는 항공기에 대한 이·착륙 허가를 발부해요. 다르게 말하자면 관제사의 허가를 받지 않은 항공기는 비행장에 이륙/착륙할 수 없어요. 또 비행장 주위에서 비행하는 항공기에 대한 관제업무도 하죠. 비행장에서 이륙/착륙하는 항공기와 주변에서 비행중인 항공기간에 충돌하면 안 되니까 관제업무가 필요한 거예요. 그리고 공항 안에는 항공기들만 움직이고 있는 건 아니에요. 항공기의 이·착륙을 지원하기 위한 차량들과 장비들이 많고, 그에 따라 지상에서 업무를 하는 사람들도 많아요. 그래서 지상에서 일어나는 움직임을 모두 파악할 수 있는 관제탑에서 비행장 안에서 움직이는 모든 차량과 인원을 통제하는 업무를 담당해요.

접근관제업무

접근관제업무도 여러 가지예요. 착륙하기 위해 공항으로 접근하는 항공기가 항공로에서 공항에 진입하기 직전 착륙 허가를 받기 전까지, 또 이륙한 항공기가 항공로에 진입할 때까지의 관제를 담당하고 있어요. 레이더에 있는 항공기들의 줄을 세워서 순서대로 착륙할 수 있도록 만들어서 관제탑 관제사에게 이양하고, 이륙한 항공기가 적정한 고도의 항공로에 진입할 때까지 안내한 다음 지역관제업무를 하는 관제사에게 이양하는 업무죠. 이렇게 관할하고 있는 구역 내에 있는 항공기가 다음 구역으로 넘어갈 때까지 순서를 정해 유도하는 일을 해요.

지역관제업무

출발 공항에서 목적 공항까지 고도 지정 등 항공로에서 비행하는 항공기를 대상으로 하는 관제업무예요. 관제탑에서 이륙시킨 항공기는 접근관제업무를 하는 관제사가 일정한 고도까지 관제하고 항공기가 항공로에 들어서면 지역관제업무를 하는 관제사에게 이양해요. 저희는 항로관제라고도 부르죠. 항로관제사는 항로 전체에 관여하면서 인접 국가의 관제사들과 교신하는 업무도 해요. 우리나라를 떠난 항공기가 경계를 넘어 인접 국가인 중국이나 일본의 공역으로 들어갈 때 항로관제사는 그쪽 관제사들과 항공기의 고도를 얼마로 바꾸고 싶다고 요청하거나 거꾸로 고도를 얼마로 바꿔서 들어와야 한다거나 하는 등의 업무 협의를 하지요.

관제하는 업무에 따른 공역을 잘 지켜야 해요

앞에서 관제업무가 세 분야로 나뉜다고 얘기했어요. 업무가 나뉘는 중요한 요소 중 하나가 공역이에요. 공역은 육상 또는 해면을 포함하는 지구 표면상의 구역과 고도로 정해진 공중 영역이라는 뜻인데요. 항공기의 운항 목적에 맞게 설정된 공역을 비행정보구역FIR: Flight Information Region이라고 하죠. 우리나라 비행정보구역의 경계는 북쪽으로는 휴전선, 동쪽은 속초 동쪽으로 약 210NM*, 남쪽은 제주 남쪽 약 200NM, 서쪽은 인천 서쪽 약 130NM으로 평양 비행정보구역, 상해 비행정보구역, 후쿠오카 비행정보구역과 인접해 있어요.

비행정보구역은 다시 여러 공역으로 나눌 수 있어요. 항공기 조종사가 관제사의 지시를 반드시 따라야 하는 관제공역, 관제사가 조종사에게 비

---

* NM: 해리(海里, Nautical Mile)는 길이의 단위로, 국제단위계에는 속하지 않지만 함께 사용할 수 있어요. 이 단위는 해양 및 항공 분야에서 사용되며, 국제법과 조약, 특히 영해를 정하는 데 자주 사용돼요. 1929년에 국제수로국에서 정의한 1해리의 길이는 1,852m, 6,076.12ft와 같아요.

행에 관한 조언이나 비행 정보 등만을 제공하는 비관제공역, 항공기의 비행이 금지된 통제공역, 비행하는 항공기 조종사가 특별히 주의하고 경계해야 하는 주의공역이 있어요. 우리나라는 분단국가이기 때문에 공역의 규모는 작은데 통제공역과 주의공역이 많은 편이어서 관제사도 주의하고 있어야 해요.

관제공역도 관제업무에 따라 수평으로 어디서부터 어디까지, 수직으로 어디서부터 어디까지라는 구분이 있어요. 우리나라에는 14곳의 접근관제소가 있는데, 저마다 수평면적으로 구분이 있고, 수직적인 고도에 따른 구분이 있어요. 예를 들어 서울접근관제소는 1,000피트에서 18,500피트까지 공역을 담당하는데, 어떤 구역은 밑에서부터 4,500피트까지는 오산접근관제소에서 사용하고 4,500피트에서 18,500피트까지는 서울접근관제소가 사용하는 거예요. 이런 공역에서는 남의 공역에 들어가지 않도록 주의해야 하죠.

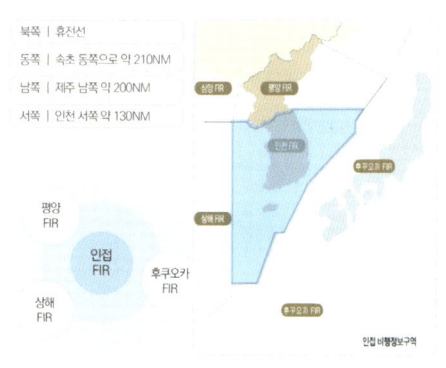

출처 - 국토교통부 항공교통본부

조종사와 교신을 잘해야 해요

관제사와 조종사는 표준 관제 용어 STANDARD PHRASEOLOGY로 교신해요. 영어 표현인데 국제적인 표준이라 매우 간단한 용어들이죠. 교신은 우리가 일상적으로 하는 대화와는 달라요. 교신은 관제사가 말하는 것을 조종사가 듣고, 조종사는 들었다고 확인한 다음에 요구 사항을 말하고, 관제사는 조종사의 말을 받는 형식이에요. 예를 들어 관제사가 '정지하세요'라고 지시했다면 조종사도 '정지하세요'하고 관제사의 말을 반복해야 하는데, 이것을 복창 또는 '리드백 READBACK'이라고 해요. 그러면 관제사는 조종사의 리드백이 맞는지 확인하고 틀렸을 경우 이를 바로 잡아야 해요. 이 과정을 '히어백 HEARBACK'이라고 하죠. 이렇게 순차적으로 말을 하고 듣는 과정으로 교신이 이루어져요.

그리고 관제사가 말을 하는 중간에 조종사는 말을 걸어서는 안 되고 듣기만 해야 해요. 마찬가지로 조종사가 말할 때 관제사는 듣기만 해야 하고요. 한 명의 관제사가 여러 명의 조종사와 교신하기 때문에 이런 절차가 잘 지켜져야 순조롭게 교신할 수 있어요. 예를 들어 교신해야 하는 조종사가 10명이라고 해봐요. 그럴 때는 순서에 따라 1번 조종사와 교신하고 있을 때 나머지 9명은 듣고 있어야 해요. 만약 관제사가 말을 하고 있는데 누군가 끼어들면 통신에 혼선이 생겨서 무슨 말인지 알아들을 수가 없어요. 통신 장비가 여러 명이 동시에 말할 수 없도록 되어 있어요. 또 한 명의 조종사와 길게 통신하는 것도 좋지 않아요. 조종사는 관제사의 지시를 빨리 알아듣고 빨리 대답해 줘야 관제사가 다음 조종사와 교신할 수 있어요. 그래야 교신이 원활하게 돌아가는데 조종사의 대답이 늦거나 잘못 대답해서 다시 교정을 해줘야 한다면 나머지 항공기들은 그 시간 동안 계속 기다려야 해서 교통의 흐름이 원활하지 않게 되는 거죠.

국제민간항공기구의 규정을 따라요

　국제민간항공기구는 영어로 International Civil Aviation Organization으로 앞 글자를 따서 ICAO^{아이카오}라고 불러요. ICAO는 1947년 4월 4일에 설립하여 그해 10월에 UN의 산하 전문기구가 되었어요. ICAO는 국제민간항공의 안전과 질서있는 발전을 보장하기 위해 설립한 목적에 따라 항공운송에 필요한 각종 국제 표준 및 규칙을 정해요. 따라서 전 세계 모든 국제민간항공은 ICAO에서 정한 국제표준을 따르고 권고사항을 채택하고 있어요.

　이렇게 ICAO의 가장 중요한 업무는 표준화라고 할 수 있어요. 특히 항공 용어의 표준은 항공 관련 업무를 하는 사람들에게 매우 중요하죠. 만약에 항공 용어가 하나로 통일되어있지 않다면 조종사와 관제사의 소통이 원활하게 이뤄지지 않게 될 거예요. 각기 다른 언어를 사용하고 다른 단위를 사용하는 사람들이 하나의 언어와 통일된 단위로 소통해야 잘못 이해하는 일이 없이 명확한 의사 전달이 가능해요. 그래서

ICAO는 국제민간항공협약 부속서에 반영할 국제표준과 권고사항을 채택하는 일을 하고, 그 밖에도 법률적인 일이나 여러 가지 기술지원도 하고 있어요.

출처 - 국토교통부 항공교통본부

3장에서는?

항공교통관제사에 관심이 많은 어린이는 주목! 이 일을 하기 위해서 어떤 자질이 필요한지, 어디로 진학하는 게 좋을지, 어떤 과정을 거쳐 이 직업을 가질 수 있는지 알아보아요.

집중력이 필요해요

관제사는 교신하면서 신속한 결정을 내려야 해요. 공항에는 활주로*가 여러 개 있어서 항공기가 뜨거나 내리기 위해서는 활주로를 건너다녀야 하는데요. 이때 관제사는 조종사에게 어느 길로 가라거나 잠시 기다리라는 등의 길 안내를 하죠. 예를 들어 관제사가 조종사에게 "활주로 진입 전 대기하세요"라고 지시하면 보통은 조종사가 "대기합니다"하고 복창해요. 그러면 관제사는 조종사가 대기한다고 생각하고 다른 조종사에게 지시할 내용을 생각해요. 그런데 조종사가 잘못 알아듣고 "횡단합니다"라고 복창하고 활주로를 건너가는 수가 있어요. 이때 관제사가 바로 알아채지 못하면 사고가 발생할 수도 있어요. 그래서 관제사는 교신이 끝날 때까지 다른 생각을 하면 안 돼요. 딱 이 상황에만 집중해서 일을 끝마쳐야 하죠.

---

* 활주로: 항공기 착륙과 이륙을 위하여 국토교통부령으로 정하는 크기로 이루어지는 공항 또는 비행장에 설정된 구역.

그런데 다른 것들을 다 잊어버리고 조종사와 교신하는 상황에만 집중할 수 없는 상황도 있어요. 조종사도 조종하면서 저희와 교신하듯이 저희도 교신하면서 동시에 기록하고 옆자리에 앉은 다른 관제사와도 소통하며 협업을 해야 해요. 이 항공기는 이쪽으로 먼저 갈 테니 그 항공기는 다음번에 저쪽으로 보내라는 식이죠. 그리고 공항의 전체적인 흐름을 관리하고 있는 감독석에서 그렇게 하면 다른 항공기들이 밀리게 되니까 다른 쪽으로 돌리라는 지시를 하면 그에 따라 계획을 바꿔서 조종사와 교신해요. 그런데 조종사와 교신하는 것만 집중하고 있다가 다른 관제사가 하는 이야기를 못 듣는 일이 생기기도 하죠. 그래서 너무 하나에만 집중하면 오히려 협업이 안 되는 경우도 있어요. 사실 처음엔 내 일을 하면서 다른 관제사의 얘기를 듣는 게 쉽지 않아요. 그런데 훈련을 많이 하고 익숙해지면 집중력이 흐트러지지 않으면서도 여러 가지 일을 동시에 할 수 있게 돼요.

판단력과 순발력, 협동심도 있어야 해요

관제를 하다 보면 어쩔 수 없이 원치 않는 상황이 발생할 때도 있어요. 그러면 순간적으로 판단하고 그 상황에 맞는 적당한 조치를 취해야 해요. 빠르게 판단하고 순발력 있게 대처해야 하는 거죠. 또 앞에서 얘기한 대로 다른 관제사들과 원활하게 소통하고 협력할 수 있는 협동심이 있어야 하고요. 공중에서 비행하는 항공기의 위치, 속도, 방향 등을 정확하게 파악하고 안전한 운항을 위한 지시를 내리려면 공간 지각력도 필요해요.

이렇게 얘기하니까 너무 빡빡하게 느껴질 것 같은데요. 많이 걱정할 필요는 없어요. 어느 누구든 이런 자질을 다 갖추기는 당연히 어렵죠. 너무 덜렁대거나 다른 사람의 말을 건성건성 듣지만 않는다면 누구나 어느 정도 훈련을 통해 다 할 수 있는 일이에요.

항공 분야에 대한 경험을 쌓으면 좋아요

항공이라는 분야에 대해 폭넓은 이해를 하기 위해 노력하면 좋겠어요. 항공 관련 뉴스나 다양한 매체를 통해 항공 이슈 등에 관심을 가지고 정보도 찾아보고, 학교에 항공 분야의 멘토 수업이 있으면 적극적으로 참여해 보는 것도 좋을 것 같아요. 또 항공 관련 동아리 활동이나 한국항공우주소년단(공군 스페이스 챌린지) 활동도 추천해요. 중고등학교에서 학생들이 자율적으로 동아리를 만들어 활동하는 것도 좋고, 청소년을 대상으로 하는 항공동아리를 찾아 함께 활동해 보는 것도 좋겠어요. 실제로 얼마 전에 입사한 신입 관제사는 초등학교 때부터 관제사의 꿈을 키웠대요. 중학교 때부터 공군 스페이스 챌린지에 참여하고 고등학교 때는 본인이 항공 동아리를 만들어 활동하고 한서대에 진학해 꿈을 이뤘죠.

요즘엔 항공교통관제와 관련된 사이트도 많고 관제사가 도움을 주는 유튜브도 많아서 적극적으로 정보를 찾아보면 더 도움이 될 거예요.

영어는 필수!

관제사뿐 아니라 항공 관련 일을 하기 위해서는 영어로 소통하는 능력은 필수예요. 관제용어가 모두 영어로 되어있기 때문이에요. 읽고 쓰는 능력보다는 듣고 말하는 능력이 더 필요해요. 그리고 관제사가 되려면 ICAO에서 권장하는 항공영어구술능력증명 4등급 이상을 취득해야 해요. 이 시험에 통과하려면 영어로 된 관제용어를 능숙하게 사용할 수 있도록 철저하게 외우고 있어야 하고, 관제하는 상황을 영어로 설명할 수 있어야 해요.

대학에 진학하기 위해서도 영어 능력이 필요하지만 관제사가 되고 싶은 사람들을 교육하는 관제교육원에서도 TOEIC 같은 영어 시험 성적을 제출하라고 해요. 관제사에 지원하기 위해서는 EPTA, GTELP 같은 영어 시험이 필수적으로 필요하니까 영어 공부는 꼭 해야죠.

항공교통관제교육원이 있는 곳으로 진학해요

관제사가 되려면 자격증을 취득해야 하는데요. 자격증을 취득하려면 지정된 교육기관에서 필수적으로 교육을 받아야 해요. 그래서 대학은 반드시 항공교통관제교육원이 있는 곳으로 진학해야 하죠. 관제사를 배출하는 대학은 전국에 3개 있어요. 한국항공대학교 항공교통물류학부의 항공교통 전공, 한서대학교 항공학부 항공교통물류학과, 경운대학교 항공교통물류학과예요. 대학을 졸업하고 나면 한국교통안전공단에서 주관하는 항공 국가자격시험을 치를 자격이 주어지죠.

대학에 진학하지 않고 바로 항공기술훈련원에 들어가 교육받는 방법도 있어요. 교육생이 되기 위해서는 TOEIC이나 NEW TEPS의 영어성적이 필요하고, 필기시험도 따로 치러야 해요. 또 군관제사(부사관)를 양성하는 교육기관인 공군 교육사령부 항공교통관제 교육원도 있어요. 진로를 일찍 결정했다면 공군 항공과학고등학교로 진학하는 방법도 있죠. 이 고등학교는 장기 복무 직업군인을 양성하는 고등학교 과정의 군사학교로 졸업생은 공군의 기술부사관으로 7년의 의무복무를 해야 해요.

준비되었다면 자격시험에 응시해요

　자격시험을 보려면 먼저 응시자격을 갖춰야 해요. 관제사 과정을 이수하고 실무 경력이 3개월 이상 또는 90시간 이상이 되는 사람이 시험을 치를 수 있어요. 그리고 9개월 이상의 관제 실무 경력을 가진 사람이거나 민간항공에 사용되는 군의 관제시설에서 9개월 이상의 관제 실무를 수행한 경력이 있는 사람도 시험을 볼 자격이 있어요. 또 ICAO에서 인정하는 항공교통관제사 자격증을 가진 사람도 응시가 가능해요. 공통적으로 만 18세 이상이어야 하죠.

　자격증 시험은 1차 필기시험과 2차 실기시험이 있어요. 1차 시험과목은 항공법규, 관제일반, 항행안전시설, 항공기상, 항공교통·통신 및 정보업무로 총 5과목이에요. 각 과목별로 25문항씩 출제되며 30분씩 진행이 돼요. 시험 합격 기준은 100점을 만점으로 70점 이상이에요. 2차 시험은 항공교통관제에 필요한 기술에 관한 실기 평가와 함께 항공교통관제에 필요한 일반영어 및 표준관제영어에 대한 구술시험으로 이루어져 있어요. 이렇게 1차와 2차 시험에 합격하면 자격증이 주어져요.

일하고 싶은 곳의 관제사로 지원해요

관제사를 가장 많이 채용하는 곳은 국토교통부인데요. 국토교통부는 매년 항공 8급 공무원 경력경쟁채용 시험을 시행하고, 전형 방식이나 시험과목은 채용공고 때마다 달라질 수 있어요. 시험은 1차 필기시험, 2차 서류전형, 3차 면접시험으로 진행해요. 1차는 항공법규, 영어, 항공교통관제, 이렇게 3과목으로 객관식 시험이에요. 2차는 항공교통관제사 자격증과 항공영어구술능력증명, 항공신체검사증명 서류를 검토해요. 이상이 없다면 3차 면접시험을 통해 합격자가 결정돼요.

공항공사에서 뽑는 관제사도 있어요. 인천국제공항공사(인천공항)와 한국공항공사(김포공항)에서는 공항 내 계류장에서 관제업무를 수행할 관제사를 뽑아요. 중요한 사실은 비행장이 있는 곳엔 반드시 관제탑이 있고 관제사가 필요하다는 거예요. 대한항공 산하에 정석비행장(제주)이 있는데, 거기도 관제사가 있어요. 또 관제사를 양성하는 대학교 내에 있는 비행장에도 관제사가 있고, 군 공항에도 관제사가 있죠. 하지만 소속은 다

달라요. 학교는 교직원이고, 정석비행장 관제사는 대한항공 소속이고, 군 공항은 각 군 소속이에요.

지역관제센터(ACC)　　출처 - 국토교통부 항공교통본부

유영미 관제사, 관제훈련센터

인천관제탑에서 야간근무하는 임은정 관제사

4장에서는?

항공기가 안전하게 운행할 수 있으려면 항공교통관제사의 도움이 반드시 필요해요. 안전에 관한 일을 하는 직업이 그렇듯이 항공교통관제사도 오랜 시간 훈련이 필요하고, 일할 때 주의할 것이 많아요. 관제사에게는 어떤 일들이 중요한지 들어보아요.

한정자격증을 취득해요

　국토교통부 소속 관제사는 입사 후에 약 3주 동안 항공기술훈련원 또는 국토교통부 인재개발원에서 공무원 초기교육을 받아요. 공무원으로서 갖춰야 할 기본 역량 같은 내용이죠. 이 교육이 끝나면 각 시설에 있는 훈련센터에서 일정 기간 집체교육을 받고 관제탑이나 접근관제소, 항로관제소 현장에 배치되어 한정자격증^{RATING}을 취득해요. 한정자격은 그 시설에 한정해서 일을 할 수 있다는 자격으로 현장에 배치된 후 훈련교관의 감독하에 근무하면서 취득할 수 있어요. 보통 인천관제탑은 1~2년, 서울접근관제소는 2~3년 안에 한정자격증을 취득해요.

　한정자격증을 취득하는 기간에 일을 배운다고 생각하면 될 것 같아요. 관제사 자격증이 있으면 접근관제소나 관제탑, 항로관제를 모두 할 수 있어요. 그런데 각 시설과 업무마다 특성화된 일이 있어서 선배 교관 관제사의 감독 하에 일을 배우는 거예요. 예를 들어 서울 접근관제소(영어로 어프로치라 부르기도 함)와 제주 어프로치가 있으면 각 공항의 상황이 다르고 시설이 달라서 그 환경에 맞는 업무 절차를 배우는 거예요. 시설에 따라 1~2년이 걸릴 수도 있고, 2~3년이 걸릴 수도 있어요. 만약에 서울 어프로치에서 일하다가 관제탑에서 일하고 싶다면 관제탑 업무에 맞는 한정자격증을 다시 취득해야 해요.

관제업무는 24시간 멈추지 않아요

　관제사가 일하는 접근관제소, 관제탑, 지역관제소는 모두 공휴일이나 명절 등 연휴 없이 365일 운영하고 있어요. 그래서 관제사들은 하루 2교대로 근무해요. 업무 스케줄은 한 달 단위로 나오고 대체로 주간근무-주간근무-야간근무-비번-휴무, 이렇게 구성이 되죠. 주간근무는 08시 45분에 시작해서 18시에 끝나고, 야간근무는 17시 45분에 시작해서 다음날 09시에 끝나는데요. 업무 시작 시간이 45분인 이유는 15분 동안 근무교대 브리핑을 하기 때문이에요.

　관제업무는 집중력이 요구되는 일이라 보통 2시간 근무하고 1시간 휴식시간을 가져요. 하지만 근무 상황에 따라 달라질 수도 있어요. 야간근무 때는 총근무 시간이 길고, 교통량이 현저히 적은 시간대가 있기 때문에 주간근무 때와 달리 3~4시간 연속으로 휴식할 수 있는 시간이 있어요. 개별 휴식실에서 휴식을 취하고 교대로 근무하죠.

안전을 위한 여러 가지 훈련과 교육이 있어요

관제사는 공무원으로서 이수해야 하는 교육은 기본이고, 관제사로서 이수해야 할 교육과 훈련이 있어요. 2년 동안 20시간 받아야 하는 정기교육이 있고, 분기별로 위기대응훈련과 저시정운영절차 교육을 받아요. 안개가 짙게 끼거나 폭우가 내려 앞이 안 보일 때를 저시정이라고 하는데, 조종사도 안 보이는 상태로 조종해야 하고 관제사도 마찬가지로 보이지 않는 상황에서 관제해야 하죠. 이럴 때는 특별 절차가 있어서 훈련을 통해 익히는 거예요. 한 번만 하는 교육이 아니라 분기별로 반복적으로 훈련하고, 특히 교통량이 많은 인천공항의 경우는 훈련을 더 많이 하는 편이에요.

시뮬레이션으로 하는 역량 강화 훈련도 있어요. 이것도 마찬가지로 분기별로 하고 필요하다고 판단되는 때도 하죠. 코로나19 시기에 하루 교통량이 1,200대에서 200~300대 정도로 줄었을 때 역량 강화 훈련을 많이 했어요. 교통량이 줄면 실무는 편하지만 업무의 감각은 떨어져요. 그래서 시뮬레이션으로 교통량이 많은 상황을 똑같이 만들어놓고 훈련했죠. 교통량이 회복될 때를 대비해서 업무 감각을 유지하기 위한 훈련이었어요.

서울접근제소 시뮬레이터실

관제업무는 날씨의 영향을 많이 받아요

항공기 운항에 중요한 건 날씨, 곧 항공기상이에요. 바람, 안개, 급변풍, 폭설, 폭우, 태풍, 천둥, 번개 등 기상요소는 매번 수시로 체크하는 아주 중요한 사항 중 하나죠. 어떤 날씨냐에 따라 관제사가 해야 할 일이 다르니까요. 먼저 풍향(바람의 방향)과 풍속(바람의 세기)에 따라 달라지는 일을 설명할게요. 항공기가 이·착륙할 때는 그날의 날씨에 따라 활주로 방향을 결정해요. 항공기는 바람이 불어오는 방향으로 이·착륙해야 안전하니까 바람 방향이 바뀌면 사용할 활주로의 방향을 바꿔야 하죠. 특히 봄가을의 경우 남동풍이 불다가도 어느새 북서풍으로 바뀌어 하루에 몇 번씩 사용 활주로의 방향을 바꾸기도 해요. 사용 활주로를 결정할 때는 관제탑관제사와 접근관제소 관제사가 반드시 협의 후 결정하게 되어있는데요. 이·착륙 방향이 정반대로 바뀌려면 착륙하기 위해 줄을 서게 될 항공기의 흐름도 바뀌어야 하기 때문이에요. 일반적으로 풍향, 풍속은 서서히 돌아서 항공기들을 돌리는데 큰 문제가 없지만, 가끔 악기상을 동반해서 급변할 때는 어려움이 따라요. 항공기 기종에 따라 배풍(뒷바람), 측풍에 따른 운영한계치가 있거든요. 또 활주로 상태에 따라 정해진 기준도 있고요. 그런데 풍향과 풍속이 갑자기 변해 급박하게 활주로를 변경하게 되는 경우 수많은 항공기를 돌려야 해서 어려움을 겪기도 합니다.

여름 장마철은 가장 어려운 시기인데요. 장마철에 구름이 많으면 일단 사용할 수 있는 공역에 제한이 생기죠. 조종사들이 구름을 피하기 위해 요청하는 게 다 달라요. 구름을 피할 때는 정상적인 항로에서 벗어나야 하는데 관제사는 그 공간을 만들어야 하잖아요. 보통은 조종사가 요청한 비행로Route를 들어줘야 해요. 조종사들이 비행하고 있는 곳의 실제 날씨 상황에 대해서 잘 알기 때문이에요. 또 시야 확보에 문제가 생길 정도로 비가 많이 내리면 저시정 절차를 운영해야 할 수도 있어요. 기상상황이 나빠져 저시정 상황까지 겹치면 항공기들의 체공 시간이 길어져요. 항공기는 밀려오고 공역은 제한적이고 착륙은 지연되는 상황이 생기는 거죠.

관제탑 관제사들은 겨울철 강설 예보에 가장 많이 긴장해요. 눈이 오는 날에는 관제탑 관제사들은 눈코 뜰 새 없이 바빠요. 눈이 어느 정도 내려 쌓이게 되면 점검 차량이 활주로에 들어가 활주로 상태를 점검하도록 항공기 이동을 통제해야 하고, 점검 결과에 따라 눈이 많이 쌓여 활주로 제설작업이 필요하다면 활주로 운영을 어떻게 할 것인지 결정을 내려야 해요. 또한, 활주로 제설작업이 끝나면 활주로를 사용할 수 있는 수준의 상태인지 점검 차량이 다시 한번 들어가 활주로 상태 점검을 실시해야 하죠. 문제는 정말 폭설이 오랜 시간 내리는 경우에요. 폭설이 내리면 활주로, 유도로 할 것 없이 모두 미끄러운 상황이 되고, 눈이 더 쌓이게 되면 활주로 및 유도로* 중심선이 보이지 않아요. 항공기가 이동할 도로를 알아보기 어려운 문제가 생기죠. 폭설이 쉬지 않고 내리면 앞이 잘 보이지 않아요. 그래서 제설 차량 간에도 보이지 않는 상황이 되어 제설 작업을 중단하는 상황이 생기기도 해요.

제설차량

---

* 유도로는 비행장내에 승객을 태우는 장소인 주기장에서 이륙을 하는 장소인 활주로까지 항공기가 이동하기 위한 통로예요.

항공산업의 발달로 관제사의 미래는 밝아요

지구는 지금 항공기를 이용해 가지 못할 곳이 없을 만큼 세계화가 진행되었어요. 운송 산업도 계속 발전하고 있고요. 또 경제가 성장하고 여가 활동이 늘어나면서 해외 여행객과 항공물류도 꾸준히 증가하고 있어서 앞으로도 항공의 수요는 많을 거예요. 항공산업이 발전하면 항공교통관제사의 수요도 자연히 늘어날 수밖에 없다고 생각해요.

요즘 많은 분야에서 인력을 AI로 대체하고 있어요. 그래서 AI가 관제사를 대체할 수 있을까를 생각해 본다면 먼저 AI를 어디까지 활용할 수 있을지 검토해 봐야 할 것 같아요. 지금도 관제에 도움을 주는 시스템이 많이 개발되어 20년 전보다는 한결 일이 수월해지긴 했지만, 기계이다 보니 오류가 종종 발생해서 오히려 관제하는데 에러를 유발하는 면도 없지 않아요. 관제업무는 항공의 안전과 직결되어 있어요. 날씨의 변수에 따라 영향을 많이 받고 또 항공기가 많아질수록 비정상 상황이 발생할 가능성이 높아요. 그럴 때 과연 AI가 관제사처럼 신속하고 정확하게 판단해서 문제를 해결할 수 있을까요? 그런 면에서 저는 현재 기술 수준으로는 AI가 관제사의 업무를 대신하기 어렵다고 생각해요.

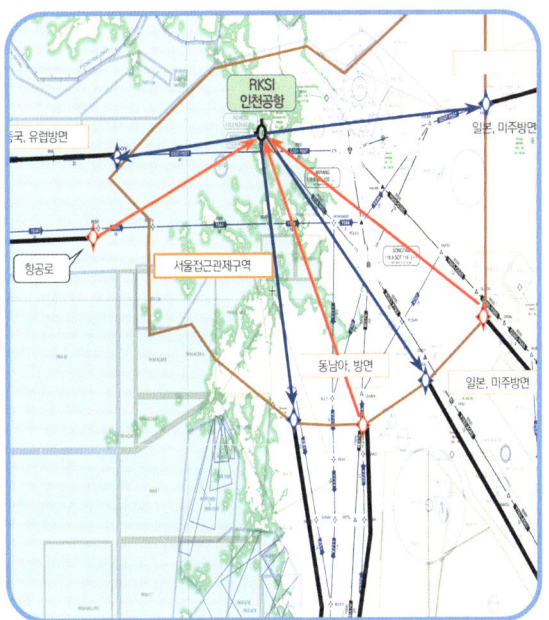

인천국제공항 기준 국제선 항공교통흐름도

출처 - 국토교통부 항공교통본부

5장에서는?

유영미, 임은정 관제사는 20년 넘게 이 일을 하면서도 때때로 이 일에 매력을 느낀다고 해요. 어떤 점이 아직도 마음을 잡아끄는지 선배 관제사들의 솔직한 마음을 들어보아요.

질서를 만들어내는 매력

하나의 활주로에는 한 대의 항공기만 이륙하거나 착륙할 수 있어요. 이륙하려고 하는 항공기 수십 대는 지상에서 대기하고 있고 착륙하려는 항공기도 공중에 수십 대가 있어요. 관제사가 없다면 누가 먼저 이륙하고 착륙할지 정할 수 있을까요? 이때 순서를 딱 정해주는 사람이 관제사예요. 공항에 접근하는 항공기가 스스로 판단해서 착륙한다거나, 활주로에 빨리 닿는 항공기의 순서대로 이륙을 자발적으로 하라고 한다면 공항 주변은 대혼란에 빠질 거예요. 물론, 대형 사고도 날 수 있어요. 그래서 관제사가 한 대씩 한 대씩 순서를 정해 놓아야 예상치 못한 상황이 생겨서 일이 꼬이더라도 잘 풀어서 정리할 수 있어요. 그 큰 항공기들이 사고 없이 타다닥 제자리를 찾고 순서대로 이·착륙하면 잘 컨트롤했다는 생각에 기분이 좋아요.

아무 일 없이 퇴근할 때의 보람

관제업무는 육감도 중요한 것 같아요. 관할구역이 다른 어떤 항공기가 제 구역으로 다가오고 있는데 제가 관제하는 항공기에 영향을 미칠 것 같다는 생각이 들 때가 있어요. 그러면 관심을 가지고 관제 화면을 유심히 봐요. 그 항공기가 살짝만 벗어나도 다른 항공기들의 비행에 영향을 미치는 일이 발생하니까 지켜보고 있다가 빨리 대처하는 거죠. 다른 사람들보다 빨리 발견해서 문제가 커지기 전에 해결했을 때 뿌듯하죠.

레이더를 보고 있으면 여러 방향에서 동시다발적으로 많은 항공기들이 착륙하기 위해 몰려오는 게 보여요. 그럴 때 관제사는 고도의 집중력을 발휘해 조종사와 환상적인 호흡으로 교신하며 항공기들을 일정한 간격을 두고 한 줄로 쭉 세우죠. 그리고 한 대씩 착착 공항에 착륙하는 걸 레이더 화면으로 보고 있으면 동료 관제사와 관제지시를 잘 따라주는 조종사들 모두가 자랑스럽다는 생각이 들어요. 특별한 일을 해결했을 때가 아니라 열심히 일하고 아무 일 없이 퇴근할 때 보람을 많이 느끼죠.

조종사들에게 도움이 되는 뿌듯함

관제사가 하는 일 중에 조종사들에게 필요한 정보를 제공하는 것도 중요해요. 항공기 조종석에서 볼 수 있는 시야가 제한적이어서 관제사는 항공기 주변에서 일어나고 있는 일들을 제때 전해주어야 해요. 예를 들어 공항 주변을 감시하는 중에 조류 이동이 확인되었어요. 그러면 이륙 중인 항공기의 조종사에게 지금 어느 고도의 어느 방향에서 조류가 이동하고 있다는 정보를 알려 주죠. 조종사가 고맙다고 인사하면 '내가 도움이 되었구나!' 싶어서 보람을 느껴요. 조종사들로부터 감사의 인사도 받고 상황에 따라서는 감사 편지를 받을 때도 있어요. 그럼 무척 뿌듯하죠.

2012년 8월에 태풍 볼라벤이 발생했을 때 서울지방항공청 관제사 전체가 대한항공으로부터 감사패를 받은 적이 있어요. 인천국제공항의 이·착륙 제한 및 주변 공역의 극심한 혼잡 상황에도 불구하고 투철한 사명감과 책임감으로 탁월한 역량을 발휘해서 항공기의 안전 운항에 기여한 공로에 감사의 마음을 전하는 감사패였어요.

6장에서는?

하루 2교대로 24시간 쉼 없이 돌아가는 관제업무의 현장을 찾았어요. 일하는 장소는 달라도 업무하는 방식은 비슷하다고 해요. 항공교통관제사의 하루는 어떨지 따라가 보아요.

주간근무

08:30 출근해서 음주 측정을 해요. 혈중알코올농도 0.02퍼센트 이상으로 확인되면 즉시 업무에서 배제되고 통과하면 업무를 시작하죠.

음주측정

08:45 야간근무조와 교대하기 위한 근무교대 브리핑 시간이에요. 야간근무를 했던 팀장님 브리핑을 실시하는데요. 사용 활주로, 기상상태, 업무관련 주의사항, 항공고시보(노탐)NOTAM: Notice To Airmen, 기타 사항을 전달해요. NOTAM은 비행에 영향을 줄 수 있는 항공관련시설이나 업무 절차 또는 장애 요소 등 항공기 운항 관련자가 필수적으로 알아야 할 내용이에요. 노탐은 항공고시보에 공지된 공고문으로 수시로 확인해야 하죠.

09:00 일일 근무 스케줄을 확인하고 근무석에 앉아 근무해요. 근무 스케줄은 팀장이 작성하고 매일 달라져요. 2시간 근무, 1시간 휴식이 기본이에요. 다만 근무 상황에 따라 달라질 수 있어요.

11:00 ~ 13:00 교대로 1시간씩 점심시간을 가져요. 근처 식당을 이용하거나 도시락을 싸와서 휴게실에서 먹어요.

18:00 야간 근무자들과 교대 후 퇴근해요. 근무 중 특별한 일이 발생하지 않으면 퇴근 후에 회사와 관련한 일은 없어요.

야간근무

17:30 주간근무와 마찬가지로 출근해서 음주 측정을 해요.

17:45 야간근무를 하기 위한 근무교대 브리핑 시간이에요. 주간근무 팀장님이 브리핑을 실시하고, 내용은 주간근무와 같아요.

18:00 일일 근무 스케줄을 확인하고 근무석에 앉아 일을 해요. 2시간 근

근무교대브리핑

무하고 1시간 휴식하는 기본은 같지만 상황에 따라 달라질 수 있어요. 야간근무는 시간이 길기 때문에 새벽 시간대에는 연속으로 4시간까지 근무하고 3~4시간 연속 휴식 시간을 가질 수도 있어요. 이때는 개별 휴식실에서 잠시 취침하거나 쉬는 시간을 가져요.

다음날 09:00 주간 근무자들과 교대 후 퇴근해요.

7장에서는?

어떤 일이든 어려운 점이 있고, 힘들 때가 있어요. 무엇이 항공교통관제사를 힘들게 하는지, 어려움은 어떻게 극복하는지, 이 일을 하면서 가지게 된 습관은 무엇인지 선배 관제사들의 이야기를 들어보아요.

날씨를 살펴보는 습관이

 일하는 날이 아니어도 습관적으로 날씨를 자주 체크해요. 날씨가 안 좋으면 걱정을 많이 하는 것 같아요. 솔직히 걱정한다고 달라지는 건 없는데 말이죠. 계절별로 악기상惡氣象이 많다 보니 계절별 일어날 수 있는 날씨에 대해 자주 체크하는 거예요. 봄가을에는 안개가 많이 낄지, 여름에는 장마철 악기상이나 게릴라성 폭우나 천둥 번개는 없는지, 그리고 태풍은 안 올지, 겨울에는 폭설은 안 내릴지 끊임없이 확인하죠. 악기상일 때는 평소보다 비정상 상황이 발생할 여지가 많고, 업무량이 늘어나기 때문에 기상 정보에 늘 주의를 기울여요. 심지어 쉬는 날인데도 폭설이 내리면 '아 오늘 근무는 너무 힘들겠다. 별일 없어야 할텐데……'하며 걱정하죠.

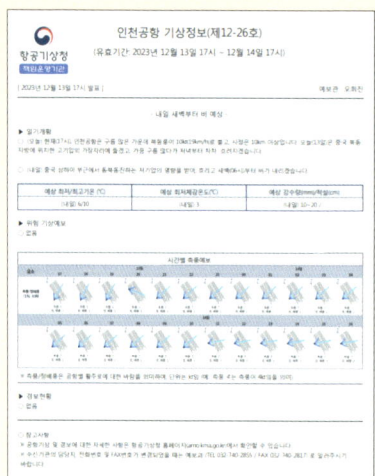

풍향·풍속계

강우량계

운고계

현천계

시정계(투과율방식)

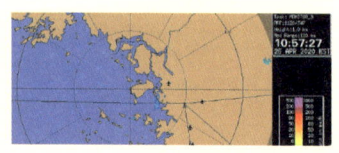

인천공항기상레이더(TDWR)

일상에서 관제 용어를 사용하기도

교신할 때는 무선통신매뉴얼에 따라 정해진 방법대로 알파벳이나 숫자를 읽어요. 관제용어로 알파벳과 숫자를 말하는 게 습관이 되어서 일상생활에서도 무심코 관제하듯이 말할 때가 있어요. 전자제품이 고장나서 A/S 센터에 전화를 걸면 모델명을 말하라고 하잖아요. 그때 'ABC123'이라고 읽어야 하는데 '알파브라보찰리123'이라고 말할 때가 있어요. 그러면 말하는 저나 듣는 상담원이나 모두 당황하기도 하죠. 요즘엔 인터넷으로 신청해서 그런 실수는 좀 줄었지만요.

사람들과 대화할 때도 길게 말하지 않고 할 말만 간단히 하는 습관이 있어요. 그래서 사람들이 제가 말하면 친절하지 않다거나 지시한다고 오해하기도 해요. 저희가 하는 일이 짧은 시간 안에 핵심만 정확하게 전달하는 거잖아요. 길게 설명하고 이해를 구하는 일이 거의 없어요. 그렇다 보니 일상생활에서도 할 말만 간단히 하게 되더라구요.

실수하지 않아야 한다는 부담감이 있어요

　관제를 하면 심적으로 부담을 많이 갖게 돼요. 항공기 조종사가 조종을 잘못하면 한 대의 항공기만 문제가 생기지만, 관제를 잘못하면 여러 대의 항공기에 영향을 미치기 때문이에요. 항상 실수하지 않도록 긴장하는 일이라 정신적 스트레스가 큰 편이에요. 업무 중에 신경을 곤두세우다 보니 사람에 따라 두통, 소화불량, 역류성 식도염, 스트레스성 장염 등의 증상이 나타나기도 하고 면역력이 저하되어 감기 같은 질병에 잘 걸리기도 해요. 또 교대근무의 특성상 불규칙한 수면으로 불면증 등 수면장애를 겪기도 하죠.

가벼운 운동으로 스트레스를 해소해요

다행히 이 일을 좋아하고 적성에도 잘 맞아서 스트레스가 심한 편은 아니에요. 그래도 아예 없지는 않죠. 스트레스를 잘 관리하지 않으면 업무에 지장이 있기도 하고요. 그럴 때는 좋아하는 음악을 듣거나 아이돌 영상을 찾아봐요. 또 커피 한 잔을 들고서 음악을 들으며 동네에 있는 조그만 뒷산에 올라 힐링 타임을 가지기도 하고요.

야간근무 후 지쳐서 돌아오면 낮에 잠을 자요. 그런데 낮에 잠을 많이 자면 밤에 잠을 잘 못 들어서 오히려 힘들더라고요. 그래서 낮에는 최대한 조금 자고 밤에 일찍 자려고 노력해요. 정해진 시간에 자고 일어나는 규칙적인 생활을 유지하는 게 피로 회복에 도움이 되는 것 같아요. 음악을 들으며 몸을 움직이는 가벼운 운동을 하면 머리가 맑아지는 것 같아 좋더라고요.

8장에서는?

약사를 꿈꾸었던 어린 영미는 드라마를 보고 항공교통관제사의 꿈을 가지게 되었대요.
꿈을 이루기 위해 어떻게 노력했는지, 지금은 어떤 마음으로 일하고 있는지 들어보아요.

성실하고 책임감 있는 어린 영미!

요즘에 MBTI로 사람의 성향을 나누는 게 유행이잖아요. 제가 어렸을 때는 혈액형으로 성격을 판단하곤 했어요. 그에 따르면 저는 전형적인 A형, 극 A형 성향이었다고 할까요. 주어진 일을 성실히 처리하고 시간 약속을 하면 약속 시간보다 항상 일찍 와 있는 아이였어요. 맡은 일은 철저히 해서 공부도 열심히 하고 리더십도 있었죠. 초등학교 때는 학교에서 하는 체육행사 때 학생들 대표로 앞에 나와서 율동도 했어요. 선생님의 추천으로 3년 정도 무용을 배웠거든요. 또 반장을 하면서 학급 운영에 적극적으로 참여하는 아이였죠. 중고등학교 때는 지금의 아이돌 원조 격인 서태지와 아이들을 좋아하는 청소년이었어요. 가수만 좋아하고 공부는 못한다는 소리를 듣기 싫어서 공부도 열심히 하면서 콘서트에 가는 취미활동도 즐겼죠. 그래서인지 모르겠지만 지금은 BTS를 좋아하는 중년 여성이 되었답니다.

드라마를 보고 생긴 꿈, 관제사

청소년 때 꿈은 약사였어요. 대학 졸업 후 취업을 생각했을 때 안정적인 전문직이라고 생각해서 약사를 목표로 공부를 했던 것 같아요. 그러던 중 제가 고1 때인 1993년에 MBC에서 <파일럿>이라는 드라마를 방영했어요. 국내 최초의 항공 드라마였죠. 한국항공대학교를 배경으로 항공기를 사랑하는 이들의 대학 캠퍼스 생활부터 졸업 후 대한항공에 입사해 창공의 꿈을 이루기까지의 도전과 사랑에 관한 내용이었어요. 이 드라마를 보면서 처음으로 활주로에서 이·착륙하는 항공기를 볼 수 있는 한국항공대학교에 대한 관심이 생겼어요. 여기에 김혜수 씨의 역할이었던 운항관리사라는 직업도 꽤 매력이 있는 직업이라고 생각하게 되었고요. 그런 계기로 한국항공대학교 항공교통학과에 대해서 조사해보니 운항관리사뿐만 아니라 관제사라는 직업도 알게 되어 관심을 가지게 되었죠.

한국항공대학교 진학

고등학교를 졸업하고 한국항공대학교 항공교통학과(현재는 항공교통물류학부)에 진학했죠. 학과에서 저는 운항관리사와 항공교통관제사 자격증을 취득하고 대한항공과 김포관제탑/서울접근관제소에서 실습을 했는데 저한테는 운항관리사보다 관제사가 더 매력적인 직업으로 보였어요. 적성에도 맞았고요. 마침 2001년 인천국제공항 개항을 앞두고 관제사 수요가 급증해서 대학 졸업을 앞두고 취업에 성공해 관제사가 되었죠.

단독 근무하던 날의 떨림

훈련관제사로 교관들의 모니터를 받다가 한정자격증을 취득해 단독으로 근무를 하게 되었을 때의 떨림과 긴장감이 지금도 기억나요. 훈련관제사로 근무할 때는 실수가 있으면 교관관제사가 바로 수정도 해주고 항공기 착륙순서나 착륙활주로 배정 등 여러 가지 면에서 좀 더 효율적인 관제를 할 수 있도록 도와주었기 때문에 믿는 구석이 있었어요. 만약에 훈련관제사가 문제를 일으키면 교관관제사가 책임을 지는 구조라 의지할 데가 있었던 시절이었죠. 그런데 단독 근무를 하면 교관관제사의 눈치를 보지 않아도 된다는 점은 좋았지만 한편으로는 막중한 책임감이 느껴져 부담이 많이 되더라고요. 시간이 지나 관제 경력이 쌓이면서부터는 부담감보다는 자신감이 생기고 관제 실력이 늘고 있다는 것을 느끼면서 뿌듯했죠.

여전히 업무 현장이 좋아요

저는 얼마 전까지 관제석에서 업무를 하다가 지금은 총괄팀장을 맡아서 감독하는 업무를 주로 하고 있어요. 팀장은 팀원들의 업무를 전체적으로 감독하  니까 실제로 마이크를 잡고 현장 업무를 할 일이 적어요. 그런데 한 번은 현장 지원 근무를 나가게 되었는데 현장에서 마이크를 잡고 업무를 하니까 너무 재미있는 거예요. 하지만 현장을 떠난 지 몇 달 되지 않았는데 관제 능력이 좀 떨어진 것 같은 느낌을 받았어요. 스포츠 선수나 악기 연주자들이 며칠 연습을 안 하면 몸이 굳은 것 같다고 하잖아요. 딱 그런 느낌이었어요. 그리고 제가 얼마나 현장을 좋아하는지 다시 알게 되었죠. 그래서 가능하면 오랫동안 이 일을 하고 싶다고 생각했어요.

9장에서는?

피아니스트가 되기에는 재능이 부족하다는 것을 깨닫고 우연한 기회에 항공 관련 분야의 일을 하고 싶다는 꿈을 꾼 임은정 관제사. 꿈을 이루기 위한 그 여정을 따라가 보아요.

피아니스트가 되고 싶었던 어린 시절

어린 시절 저는 특별한 재능이 많거나 눈에 띄는 아이는 아니었고 평범한 아이였어요. 혼자 있는 시간이 있을 때면 이런저런 상상을 많이 하는 편이라 항상 저만의 꿈이 있었어요. 초등학교 2학년 때 부모님의 권유로 피아노를 처음 배웠는데 피아노 건반을 두드리는 게 신기하고 재밌었어요. 그냥 취미로 배우는 것에 그치지 않고 어른이 되면 무대에서 피아노 연주도 하고 싶었고, 또 동네에 피아노 학원을 차려 아이들에게 가르치는 일도 해보고 싶었어요. 그렇게 꿈을 키워서 중학교 진학 후에도 진지하게 피아노 전공을 하고자 노력했죠. 그런데 어느 순간 알겠더라고요. 제가 피아니스트가 될 만큼 음악적 재능이 뛰어난 건 아니라는 것을요. 부족함을 뒤늦게 깨닫고 아쉽게도 방향을 틀어서 또 다른 꿈을 찾기 시작했지요.

인생을 바꿔놓은 신문 기사 하나!

부모님이 약국을 경영하시는 걸 어릴 때부터 봐왔어요. 그래서 자연스럽게 아픈 사람들에게 약을 지어주면서 좋은 일을 해야겠다는 생각으로 약사가 되는 꿈을 꾸었죠. 그런데 신문기사 하나가 제 인생을 바꿔놓았어요. 제가 고등학교 1학년(1993년)때 목포에서 항공기 추락사고가 있었어요. 처음 소식을 접하고는 많은 희생자가 난 것에 대해 안타까운 마음도 들었지만, 제 머릿속에서 "항공 분야에서 내가 할 수 있는 일이 있지 않을까?" 하는 생각이 문득 들었어요. 항공기를 떠올리면 저도 모르게 마음이 설레었거든요. 항공 분야와 관련해서 무엇을 할 수 있을까 찾다가 전문적으로 배울 수 있는 대학이 있다는 사실을 알게 되었죠. 또 고등학교 2학년 때는 'EBS 직업의 세계'라는 프로그램을 보고 항공교통관제사에 대해 처음 알게 되었고요. 당시 여성 관제사가 출연해 인터뷰했던 방송이었는데요. 하는 일을 소개하는 걸 보니 너무 신기하고 특별해 보였어요. 그 일은 우리 일상생활 속에서 쉽게 접할 수 없는 일이었거든요. 그 이후로 관심을 가지고 신문 기사, 영화, 드라마 등을 찾아보면서 더욱

깊이 알게 되었고, 알면 알수록 항공교통관제사가 되고 싶은 열망은 더 커졌어요. 그러던 중 고등학교 3학년(1995년)때 신문에서 1999년이 되면 인천공항이라는 새로운 공항이 생길 거라는 기사를 보았어요. 공항을 만들려고 트럭들이 섬 사이를 메꾸기 위해 흙을 나르던 사진을 본 게 아직도 생각이 나네요. 그때부터 생각한 게 "내가 항공대학에 가서 졸업할 즈음에는 인천공항이 있을 거고 나는 거기 가서 근무할 수 있어"였어요. 인천공항 관제사라는 구체적인 꿈이 생긴 거죠.

꿈을 향한 여정

　한국항공대학교 항공교통학과에 진학해 1999년 6월 25일에 항공교통관제사 자격증을 취득했어요. 자격증을 받는 순간엔 그동안 준비했던 것에 대한 결실을 맺은 것 같아 뿌듯했어요. 제가 관제사 자격증을 받기 위해 자격증 발급처를 방문했을 당시 저를 본 어떤 분이 이런 말씀을 하신 게 생각이 나네요. "시집가서 좋은 남편 만나 살림하고 사는 게 편할 텐데 왜 힘들게 일을 하려고 해요?" 그때만 해도 그런 생각을 하시던 분들이 계셨는데, 저는 당당하게 말했어요. 관제사가 되는 게 꿈이라고요. '제 인생 제가 만들어가며 살 거예요!'라고 마음속으로 외쳤던 것 같아요.

　김포공항으로 첫 출근하던 날은 아직도 생생하게 기억하고 있어요. '관계자외 출입금지'라는 표시가 있는 문을 열고 들어가니 낯선 세상으로 들어가는 느낌이었어요. 실제 근무를 바로 시작하지는 못했고, 공항 내에 있는 관제시설, 관제시설 이외의 관련 시설들을 견학하면서 설명을 듣고 보게 되니 너무 신기했던 기억이 나네요.

새로운 경험을 하고 싶은 꿈이 있어요

현장에서 생동감 있게 관제하는 게 좋아 지금껏 관제탑을 지켜온 것 같아요. 저도 유영미 관제사와 마찬가지로 이제는 현장 업무보다는 관리하는 업무를 맡았지만 여전히 현장이 좋아요. 제가 근무해 본 관제탑은 김포관제탑과 인천관제탑이에요. 각 공항별 관제 환경은 다 달라요. 주변 장애물, 산, 건물들도 다르고, 주 활주로 방향도 다르고, 터미널 위치 모양 등 똑같은 것이 없죠. 그래서 기회가 된다면 제가 아직 경험하지 못한 공항에 가서 관제를 해보고 싶어요. 그리고 좀 더 시간이 흘러 기회가 된다면 관제사 교육을 위한 훈련센터에서 후배 관제사들을 지도하고 싶어요. 제가 그간 경험으로 얻은 노하우, 조언 등을 전해주며 미래의 관제사들이 성장하는 모습을 지켜보고 싶은 꿈이 있어요.

10장에서는?

앞에서 미처 해결하지 못한 궁금증을 해결하는 시간! 항공교통관제사에게 묻고 싶은 10가지 질문을 모아봤어요. 조종사와 교신할 때는 어떤 일들이 생기는지, 높이 솟은 관제탑은 태풍에도 안전한지, 연봉은 얼마인지도 알려주신대요.

QUESTION 01 이 직업을 잘 묘사한 영화나 드라마가 있다면?

항공교통관제사라는 직업을 가장 잘 그려낸 작품은 일본 드라마 <도쿄 컨트롤>(2011년)이에요. '도쿄 항공교통 관제부'라는 부제목에서도 알 수 있듯이 관제사를 중심으로 공항과 항공기 비행 사이에 발생하는 다양한 사건과 사고들이 펼쳐지죠. 도쿄 하네다국제공항을 배경으로 연간 수천만 명이 이용하는 항공기의 안전한 비행을 위해 노력하는 관제사의 업무를 잘 이해할 수 있는 드라마예요. 또한 관제사 외에 고객의 안전을 지키는 항공 관련 업무를 하는 사람들의 노력도 알 수 있어요.

관제사라는 직업을 알고 나면 항공 분야와 관련된 콘텐츠를 볼 때 좀 더 흥미로운 것을 발견할 수 있을 거예요. 영화나 드라마에 조종사가 항공기를 조종하는 장면이 나오면 반드시 관제사와 교신하는 내용도 있거든요. 그동안 지나쳤던 장면이 새롭게 보일 거예요. 최근 영화 <탑건: 매버릭>(2022년)도 있고, 예전 드라마지만 인천국제공항을 배경으로 항공 관련 종사자들이 등장하는 <에어시티>(2007년)도 있죠.

국토부 소속 항공교통관제사는 얼마나 되나요?

현직에 있는 관제사는 약 600명 정도인 것으로 파악하고 있어요. 공항의 규모에 따라 인원도 다른데요. 인천공항은 109명, 김포공항은 22명, 양양공항은 7명이에요. 이 외에도 접근관제소 등에서 일하는 관제사들이 있어요.

전체적으로 보면 여성의 비율이 높은 편인데요, 업무 현장에 따라서 남녀 비율이 달라요. 인천관제탑과 서울접근관제소에서 일하는 관제사 중에 남성은 30퍼센트 정도로 여성이 훨씬 많아요. 김포공항은 남성이 조금 많고, 양양공항은 남성이 훨씬 많죠. 지역관제업무를 담당하고 있는 인천 ACC는 남성이 60퍼센트 이상이고, 대구 ACC는 남성이 절반이 넘죠. 현재는 여성 관제사의 비율이 계속 증가하는 추세예요.

연봉은 얼마인가요?

관제사는 국토부 소속 공무원이기 때문에 국가공무원 보수 규정에 따라 연봉을 받고 연차가 쌓일수록 연봉이 올라가는 호봉제예요. 8급 공무원일 때는 연봉이 2,500만 원 정도로 다른 공무원과 차이가 없어요. 그런데 관제사는 야간근무를 많이 하기 때문에 야간근무수당과 초과근무수당이 있어서 일반 공무원보다 연봉을 더 받아요. 그래서 공무원으로 20년 차가 넘으면 연봉이 7,000만 원 이상이 돼요.

인천공항공사나 한국공항공사의 계류장관제사 연봉은 국토교통부 소속 관제사들과 달리 1억 원이 넘는 경우도 있어요. 대신 공무원은 퇴직금과 연금이 보장되는데, 공사의 관제사는 계약에 따라 조건이 다를 수 있어요. 그러니 잘 따져보고 원하는 곳에 지원하면 될 것 같아요.

전 지구적으로도 공역이 나뉘어 있나요?

QUESTION 04

국제민간항공기구는 항공기의 안전한 항행을 지원할 목적으로 전 세계 공역을 태평양PAC, 북미NAM, 카리브CAR, 남미SAM, 북대서양NAT, 유럽EUR, 아프리카/인도양AFI, 중동/아시아MID/ASIA의 8개 항행안전관리권으로 분할하여 관리하고 있어요. ICAO는 8개의 관리권역을 관리하는 사무소를 두고 있고, 중동/아시아 권역에 해당하는 우리나라는 태국 방콕 사무소에 속해 있어요. 이렇게 전 세계의 공은 분할되어 관리되고 있고, 각 나라는 다시 자국의 영토와 영공을 비행정보구역이라는 더 작은 단위로 나누어 관리하고 있죠.

국제민간항공기구의 항공교통관리권역(ICAO ATM Regions)

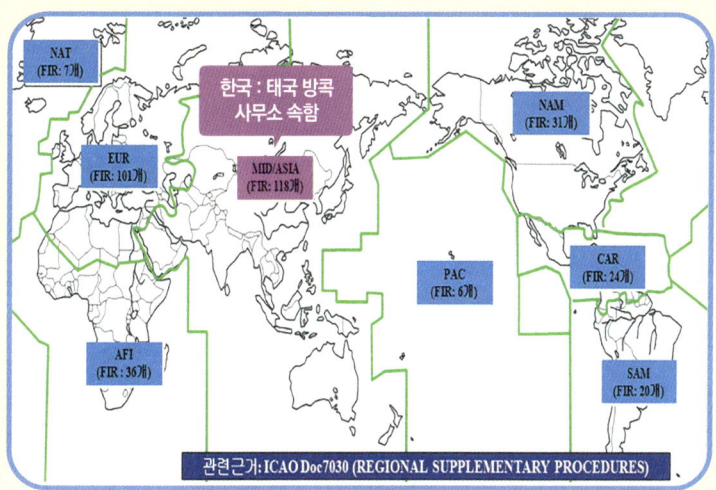

출처 - 국토교통부 항공교통본부

관제업무가 몰리는 시간도 있나요?

　인천공항은 24시간 운영하는 공항인데 김포공항은 공항 주변이 인구 밀집 지역이라 밤 11시부터 다음 날 오전 6시까지 운항이 통제되는 시간이 있어요. 얼마 전에 제주에서 김포로 오는 항공기가 15초 차이로 김포공항에 착륙했다는 기사가 난 적이 있는데요. 밤 11시가 넘으면 어쩔 수 없이 인천공항으로 회항을 해야 해요. 김포공항에 못 내리고 인천공항으로 회항하면 항공사는 탑승객의 편의를 위해 인천공항에서 김포공항 인근까지 오는 교통편을 제공해야 하는 등 여러 문제가 발생하죠. 이럴 때 관제사도 정신을 바짝 차리고 23시 이전에 항공기들이 착륙하도록 해야 해요. 평소에도 22시에서 23시 사이에 도착하는 항공기들을 시간 안에 착륙하도록 줄을 세워야 해서 야간 업무 중 제일 중요한 시간이에요.

　특히 여름 휴가철에는 제주에서 김포로 오는 항공편이 많기도 하고 기상 조건이나 출발지 공항의 문제로 지연되는 일이 자주 발생해요. 그래서 더 신경 써서 관제업무를 해야 하는데요. 22시가 넘어 김포공항으로 입항하는 항공기들이 줄줄이 들어오면 통제 시간에 안 걸리게 정말 촘촘하게 항공기들을 줄 세워서 착륙하게 만들어야 해요. 그래서 이 시간대에는 숙련된 관제사를 배치하려고 해요. 제주에서 출발할 때도 엄청 짧은 간격으로 많은 항공기를 이륙시키기 때문에 2분 간격으로 항공기들이 촘촘하게 김포공항으로 들어와요. 항공사에서도 이 시간대에는 숙련된 조종사들을 많이 투입한다고 하더라고요. 이때는 관제사와 조종사의 호흡이 정말 중요하죠.

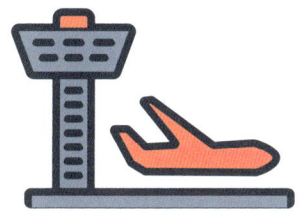

관제사와 조종사는 어떤 관계인가요?

　서로 협조하는 관계가 아닐까 생각해요. 비구름을 피해 항로를 바꿔야 할 때 관제사가 어느 방향으로 가라고 제시하기도 하지만 조종사가 그쪽은 어렵고 다른 방향으로 가겠다고 요청할 때가 있어요. 조종사마다 경험이 다르고 선호하는 조종 방식이 있어서 그런 것 같아요. 조종사가 제시한 방향에 항공기가 밀집해 있지 않으면 대부분 조종사의 요청을 수용해요. 기본적으로 저희는 정보를 제공하는 입장이고 결정은 기장의 판단에 맡기죠. 그런데 인천공항이나 김포공항은 휴전선에 가까워서 비행금지구역이 있어요. 서울에서도 보안상 중요한 곳은 비행금지구역으로 지정되어 있고요. 만약 조종사가 요청하는 방향이 비행금지구역이라면 안전 문제가 있어서 안 된다고 얘기하죠.

조종사와 교신할 때 어려운 점은 무엇인가요?

교신에 사용하는 표준관제용어는 정해져 있어요. 그런데 조종사의 국적에 따라 발음이 조금씩 다를 수가 있어요. 저희는 딱 들어보면 알거든요. 러시아어 억양, 중국어 억양 등 출신 국가에 따라 조종사의 억양도 있고, 발음이 다를 때도 있죠. 경력이 있는 조종사들은 좀 덜한 편인데 관제 교신 방법에 아직 익숙하지 않은 조종사의 경우 저희가 잘 알아듣지 못하기도 해요. 조종실 내 복잡한 업무로 잘 듣지 못하는 경우도 있고요. 그러면 한 번에 끝날 것을 두세 번 반복해서 확인해야 하죠. 들었는지 안 들었는지 답이 없는 사람도 있고, 관제 지시와 다르게 조종사가 원하는 대로 오해하고 복창하기도 해요. 통신하는 방법이 익숙하지 않아서 교신 절차를 따르지 않는 경우도 있고요. 조종사도 관제 용어를 익히고 교신하는 방법을 많이 배우고 연습도 많이 하지만 실전에 들어서면 실수하는 일도 많죠.

공항 주변에 드론이 발견되면 어떻게 하나요?

QUESTION 08

공항 주변에 신고되지 않은 드론이 드론탐지레이더에 포착되었다는 상황 접수를 받으면 이·착륙이 전면 중단돼요. 실제로 2020년 9월 26일에 인천공항에서 미확인된 드론이 발견되어 항공기들이 장시간 체공하다 김포공항으로 회항했던 사건도 있었죠.

비행장 주변 반경 9.3km 내는 공항관제권 구역으로 드론을 띄울 수 없어요. 또 공항 주변에서 드론 비행을 하려면 사전 허가를 받아야 한다고 항공안전법에 규정되어 있어요. 이·착륙하는 항공기와 충돌할 위험이 있기 때문이에요. 외국에서는 이미 드론을 이용해 공격하는 일이 생겼고, 우리나라에서도 충분히 그런 일이 벌어질 수 있기 때문에 항공기의 안전을 보장하기 위해 공항에서는 드론 탐지시스템을 통해 적극적으로 드론 활동을 감시하고, 드론이 탐지되면 즉각 대응하고 있어요. 드론 탐지시스템으로 드론 조종자 신원 확보도 빠르게 가능하죠. 그러니 '아무도 안 보니까 괜찮겠지' 하고 드론을 함부로 띄우면 안 돼요.

드론을 비행하기 전 반드시 승인 받아야 할 경우

비행장 주변 관제권에서 비행
(반경 9.3km)

비행금지구역에서 비행
(서울 강북지역, 휴전선·원전 주변)

지상고도 150m 이상에서 비행
(지면, 수면, 장애물 기준 150m 이상)

출처 - 국토교통부 항공교통본부

높이 솟아있는 관제탑은 태풍에도 안전한가요?

QUESTION 09

　태풍은 항공기 운항 자체에도 영향을 미칠 뿐만 아니라, 공항시설에 큰 피해를 입힐 수 있어요. 그래서 태풍 관련 예보가 나오면 사전에 공항 내에 있는 각 시설별로 사전 대비를 하느라 분주해요. 인천공항의 경우 실제로 태풍이 오더라도 관제탑 운영이 중단되지는 않아요. 강풍으로 인해 관제탑이 많이 흔들리더라도 견디고 업무를 수행하죠. 인천공항의 인천관제탑의 경우 관제탑 건물 운영한계치가 평균풍속 120노트(61.73m/s), 순간최대풍속 180노트(92.6m/s)로 건물을 붕괴시킬 수 있는 초강력 태풍(54m/s~)이 오더라도 견딜 수 있게 설계되어 있어요. 참고로 지진의 경우 6.5리히터까지 견딜 수 있도록 내진 설계도 되어있어서 정말 큰 재난 상황이 일어나지 않는 한 관제탑 업무가 멈추는 날은 없다고 봐야죠.

급변풍이 위험하다던데, 어떻게 대처하나요?

급변풍은 바람의 방향이나 세기가 갑자기 바뀌는 현상으로 일정 구역 안에서 바람의 상대적인 방향과 속도 차이로 발생해요. 항공기 이·착륙 시 급변풍은 매우 위험한데요, 특히 마이크로버스트 MICROBURST가 발생하면 항공사고를 일으킬 수 있어요. 마이크로버스트는 적란운*의 운저에서 시작한 바람이 지표에 부딪혀 일어나는 돌풍으로 극히 국지적이고 이동이 심하며 강수 여부와 상관없이 발생해요. 바람이 많이 부는 날이면 활주로 주변의 기상탐지 센서에서 관측된 급변풍/마이크로버스트의 알람이 관제실을 종일 울리곤 하는데요. 급변풍 알람이 울리면 국지관제사는 즉시 이·착륙 중인 항공기에게 급변풍 정보를 전달해요. 급변풍과 같은 악기상 시 관제사는 이·착륙 중인 항공기에게 관련 기상정보를 최대한 제공하고, 모니터링을 하죠. 이렇게 항공기의 기동을 모니터링하면서 상황을 지켜보다가 착륙 포기 후 복행(활주로 재접근)을 하게 되면 그에 맞는 조치를 취해야 하죠.

---

* 적란운(Cumulonimbus) : 수직방향으로 높게 발달한 구름

항공교통 무선통신매뉴얼(ATC Communication Manual 또는 ATCCM)은 항공교통 관제 체계에서 사용되는 무선통신에 대한 지침과 규정을 담은 문서입니다. 이 매뉴얼은 항공교통 서비스 제공자 (ATSP: Air Traffic Service Provider) 및 항공사, 조종사, 그리고 기타 항공 관련 당사자들이 공항 및 공간 내에서 효과적으로 통신할 수 있도록 만들어졌어요. 항공교통관제사가 되려면 이 매뉴얼을 모두 외워 능숙하게 듣고 말할 수 있어야 해요. 실제 매뉴얼에 있는 내용이 많지만 여기서는 어린이 여러분이 무선통신에 익숙해질 수 있도록 간단한 내용을 소개할게요.

국토교통부 고시 제2021-1140호

무선통신 매뉴얼
(Manual of Radiotelephony)

1. 음성통신용 알파벳

음성 철자를 사용할 때는 아래 표의 단어를 사용하여야 한다.

Letter	Word	Pronunciation
A	Alpha	AL FAH
B	Bravo	BRAH VOH
C	Charlie	CHAR LEE/SHAR LEE
D	Delta	DELL TAH
E	Echo	ECK OH
F	Foxtrot	FOKS TROT
G	Golf	GOLF
H	Hotel	HOH TELL
I	India	IN DEE AH
J	Juliet	JEW LEE ETT
K	Kilo	KEY LOH
L	Lima	LEE MAH
M	Mike	MIKE
N	November	NO VEM BER
O	Oscar	OSS CAH
P	Papa	PAH PAH
Q	Quebec	KEH BECK
R	Romeo	ROW ME OH

S	Sierra	SEE AIR RAH
T	Tango	TANG GO
U	Uniform	YOU NEE FORM/OO NEE FORM
V	Victor	VIK TAH
W	Wiskey	WISS KEY
X	X-ray	ECKS RAY
Y	Yankee	YANG KEY
Z	Zulu	ZOO LOO

2. 숫자의 발음 및 읽는 방법

통신에 사용되는 언어가 영어인 경우, 다음과 같은 발음으로 숫자를 송신하여야 한다.

Numeral or numeral element	Pronunciation
0	ZE-RO
1	WUN
2	TOO
3	TREE
4	FOW-er
5	FIFE
6	SIX
7	SEV-en

8	AIT
9	NIN-er
Decimal	DAY-SEE-MAL
Hundred	HUN-dred
Thousand	TOU-SAND

주- 위 표에서 대문자로 된 음절은 강세가 주어진다. 예를 들어 ZE-RO의 두 음절은 모두 강세가 주어지고 FOW-er의 경우 첫 음절에만 강세가 주어진다.

* 숫자 9의 발음은 NINE이 독일에서 발음상 "NO"라는 뜻이 있어 ICAO에서 "9"는 " NINER"로 발음하도록 정했다.

1) 일반숫자 읽는 방법

숫자	읽는방법	발음
10	ONE ZERO	WUN ZE-RO
75	SEVEN FIVE	SEV-en FIVE
583	FIVE EIGHT THREE	FIFE AIT TREE
600	SIX HUNDRED	SIX HUN-DRED
5000	FIVE THOUSAND	FIVE TOU-SAND
7600	SEVEN THOUSAND SIX HUNDRED	SEV-en TOU-SAND SIX HUN-DRED
11000	ONE ONE THOUSAND	WUN WUN TOU-SAND
18900	ONE EIGHT THOUSAND NINE HUNDRED	WUN AIT TOU-SAND NIN-er HUN-RED
38143	THREE EIGHT ONE FOUR THREE	TREE AIT WUN FOW-er TREE

2) 소수점 읽는 방법

숫자	읽는방법	발음
100.3	ONE ZERO ZERO DECIMAL THREE	WUN ZE-RO ZE-RO DAY-SEE-MAL TREE
38143.9	THREE EIGHT ONE FOUR THREE DECIMAL NINER	TREE AIT WUN FOW-er TREE DAY-SEE-MAL NIN-er

3) 일련 번호 - 분리된 숫자 읽는 방법

숫자	읽는방법	발음
11,495	ONE ONE FOUR NINER FIVE	WUN WUN FOW-er NIN-er FIFE
20,069	TWO ZERO ZERO SIX NINER	TOO ZE-RO ZE-RO SIX NIN-er

4) 숫자 "0"-허가된 항공기 호출부호 및 고도를 제외하고 "ZERO"로 읽는다.

"ZERO"로 읽을 경우		"GROUP"으로 읽을 경우	
160 feet	"FIELD ELEVATION ONE SIX ZERO"	N330TP	"NOVEMBER THREE THIRTY TANGO PAPA"
300 degrees	"HEADING THREE ZERO ZERO"		
10,500	"ONE ZERO THOUSAND FIVE HUNDRED"	10,500	"TEN THOUSAND FIVE HUNDRED"

3. 콜 사인 상징과 의미

Call sign	Symbol	Meaning
HL1234		Aircraft operating in accordance with VFR 시계비행규칙에 따라 비행중인 항공기
HL5678		General aviation aircraft operating in accordance with IFR 계기비행규칙에 따라 비행중인 일반 항공기
KOCA 001		Airline aircraft operating in accordance with IFR 계기비행규칙에 따라 비행중인 항공사의 항공기
TOWER GROUND		Aerodrome control service Surface movement control 비행장관제업무 / 이동지역관제업무
APPROACH		Approach control service 접근관제업무
CONTROL		Area control service 지역관제업무
INFORMATION RADIO		Flight information service Aeronautical station 비행정보업무 / 항공국
RADAR		Radar 레이더 관제업무
TRUCKER 5 WORKER 21		Vehicles 차량
TOW 5		Aircraft under tow 토잉(견인)중인 항공기
		Ground crew 지상요원
APRON		Apron management service 계류장 관리업무
HL9999		Helicopter 헬리콥터

4. 표준 단어 및 어구

아래에 표기된 단어 및 어구는 무선통신에서 적절히 사용되어야 하며 그 의미는 다음과 같다.

Word/Phrase	Meaning
ACKNOWLEDGE	Let me know that you have received and understood this message. 이 메시지를 수신하고 이해했는지를 알려달라.
AFFIRM	Yes. 예.
APPROVED	Permission for proposed action granted. 요청사항에 대해 허가한다.

BREAK	I hereby indicate the separation between portions of the message.
	    Note.— To be used where there is no clear distinction between the text and other portions of the message.
	메시지 내용이 분리된 것을 표시한다.
	    주- 메시지와 다른 메시지가 명확히 구분되지 않을 때 사용.

BREAK BREAK	I hereby indicate the separation between messages transmitted to different aircraft in a very busy environment. 매우 바쁜 상황에서 서로 다른 항공기에게 전달된 메시지가 분리된 것을 의미한다.
CANCEL	Annul the previously transmitted clearance. 이전에 허가했던 것을 취소한다.

CHECK	Examine a system or procedure.
	    Note.— Not to be used in any other context. No answer is normally expected.
	시스템이나 절차를 확인하라.
	    주- 다른 맥락에서는 사용되지 않음. 통상 대답은 하지 않음.

CLEARED	Authorized to proceed under the conditions specified. 특정조건하에서 진행을 허가한다.

CONFIRM	I request verification of: (clearance, instruction, action, information). (허가, 지시, 정보 또는 요청발부) 에 대한 확인을 요청한다.
CONTACT	Establish radio contact with . . . . . .와 무선 교신하라.
CORRECT	True. or Accurate. 맞다. 또는 정확하다.
DISREGARD	Ignore. 이 메세지를 무시하라.
HOW DO YOU READ	What is the readability of my transmission? 나의 송신 감도는 어떤지 알려달라. (이 메세지가 얼마나 잘 수신되고 있는지 알려달라.)
I SAY AGAIN	I repeat for clarity or emphasis. 전달내용을 분명히 하고 강조하기 위해 반복한다.
MAINTAIN	Continue in accordance with the condition(s) specified or in its literal sense. e.g. "maintain VFR" 지정된 조건에 따라 계속하라. 혹은 문자 그대로 (고도/비행고도 등을) 유지하라. 예) "maintain VFR"
MONITOR	Listen out on (frequency). 주파수를 경청하라.
NEGATIVE	No or Permission not granted or That is not correct or not capable. NO, 허가불허, 그것은 정확하지 않다, 혹은 불가능하다.
OUT	Continue in accordance with the condition(s) specified or in its literal sense. e.g. "maintain VFR" 지정된 조건에 따라 계속하라. 혹은 문자 그대로 (고도/비행고도 등을) 유지하라. 예) "maintain VFR"

OVER	Continue in accordance with the condition(s) specified or in its literal sense. 　　e.g. *"maintain VFR"* 지정된 조건에 따라 계속하라. 혹은 문자 그대로 (고도/비행고도 등을) 유지하라. 　예) *"maintain VFR"*
READ BACK	Repeat all, or the specified part, of this message back to me exactly as received. 내 메시지의 일부나 전부를 정확하게 반복해보라.
RECLEARED	A change has been made to your last clearance and this new clearance supersedes your previous clearance or part thereof. 이전의 허가사항이 변경되었으니 새로운 허가사항으로 대체하라.
REPORT	Pass me the following information. 다음의 정보를 나에게 전해달라.
REQUEST	I should like to know . ., or I wish to obtain . . . ..을 알고싶다...을 얻고싶다.
ROGER	I have received all of your last transmission. 　*Note- Under no circumstances to ve used in reply to a question requiring "READ BACK" or a direct answer in the affirmative (AFFIRM) or negative(NEGATIVE)* 당신의 마지막 송신을 모두 받았다. 　주- *"READ BACK"이나 긍정 및 부정으로 대답을 요구하는 질문에 대한 답으로 사용하여서는 안된다.*
SAY AGAIN	Repeat all, or the following part, of your last transmission. 마지막으로 송신한 내용의 전부나 일부를 반복하라.
SPEAK SLOWER	Reduce your rate of speech. 말하는 속도를 천천히 하라.
STANDBY	Wait and I will call you. 　*Note.— The caller would normally re-establish contact if the delay is lengthy. STANDBY is not an approval or denial.* 기다리면 내가 부르겠다. 　주 - *호출한 사람은 지연이 길어질 경우 재 교신을 하여야 한다. STANDBY는 승인 또는 거부를 의미하는 것은 아니다.*

UNABLE	I cannot comply with your request, instruction, or clearance. 　　*Note.— UNABLE is normally followed by a reason.* 당신의 요구, 지시, 허가에 따를 수 없다. 　　주- *UNABLE은 보통 그 이유가 뒤따른다.*
WILCO	(Abbreviation for will comply.) I understand your message and will comply with it. (WILL COMPLY의 축약형) 당신의 메시지를 알아들었으며 그대로 따르겠다.
WORDS TWICE	a) As a request: Communication is difficult. Please send every word or group of w&ds twice. b) As information: Since communication is difficult, every word or group of words in this message will be sent twice. a) 요청 시 : 통신내용이 어려우니 모든 낱말이나 구를 두 번씩 반복해 달라. b) 정보제공 시 : 통신내용이 어려우니 이 메시지의 단어나 구를 두 번씩 보낼 것이다.

관제사와 조종사가 실제 주고받는 교신 내용입니다. 앞에서 제시한 무선통신 매뉴얼에 따라 숫자와 알파벳, 관제 용어를 따라 읽고 써 보세요. 어떤 상황인지 알아보고 뜻도 써 보세요. 앞에서 제시되지 않은 내용은 인터넷이나 유튜브를 찾아가며 알아보는 것도 좋은 공부가 될 거예요.

1.

Pilot - Gimpo DELIVERY, BBB123, Request clearance for JEJU, FL280, Gate 10, Information B

ATC - BBB123, Report Ready for Push-back

Pilot - Roger, Report Ready for Push-back, BBB123

Pilot - Ground, HL1101, Request Start-up, Spot 41, Informaion C

ATC - HL1101, Stand-by Expect 10minute Delay

---

1. 해석

Pilot - Gimpo DELIVERY, BBB123, Request clearance for JEJU, FL280, Gate 10, Information B

조종사 - 김포 허가중계, BBB123, 제주로 가기 위한 허가를 요청한다. 고도 280, 주기장 10번, 공항정보방송(ATIS) B 수신

ATC - BBB123, Report Ready for Push-back

관제사 - BBB123, 푸쉬백 준비되면 보고하라

Pilot - Roger, Report Ready for Push-back, BBB123

조종사 - 알았다. 푸쉬백 준비 보고, BBB123

Pilot - Ground, HL1101, Request Start-up, Spot 41, Informaion C

조종사 - 지상관제, HL1101, 엔진 시동 작동 요청, 주기장 41번, 공항정보방송 C 수신

ATC - HL1101, Stand-by Expect 10minute Delay

관제사 - HL1101, 10분 지연 예상, 대기하라.

1.

ATC – HL1101, Hold position, Cancel take-off, I say again cancel take-off, due to Vehicle on the runway.

Pilot – Holding, HL1101

ATC – HL1101, Stop Immediately (필요 시 반복하여) HL1101, Stop Immediately.

Pilot – Stopping, HL1101

※ 항공기가 Take-off Roll 을 시작하였을 때 사용

2. 해석

ATC - HL1101, Hold position, Cancel take-off, I say again cancel take-off, due to Vehicle on the runway.

관제사 - HL1101, 현 위치 대기, 이륙 취소 다시 말한다 이륙 취소, 활주로상 차량때문

Pilot - Holding, HL1101

조종사 - 대기, HL1101

ATC - HL1101, Stop Immediately (필요 시 반복하여) HL1101, Stop Immediately.

관제사 - HL1101, 즉시 멈춰라(필요 시 반복하여) HL1101, 즉시 멈춰라

Pilot - Stopping, HL1101

조종사 - 멈춤, HL1101

※ 항공기가 Take-off Roll 을 시작하였을 때 사용

3.

Pilot - Seoul Approach HL1101, Approaching(또는,10Miles east of) KARBU, Maintain 9,000,Information(또는, With) PAPA, Request ILS Runway 14R Approach

ATC - HL1101, Roger, Fly heading 270, Descend to 8,000 Expect Vector To (Vectoring for) ILS Runway 14R Approach

Pilot - Fly Heading 270, Descending 8,000 Expect ILS 14R, HL1101.

3. 해석

Pilot - Seoul Approach HL1101, Approaching(또는,10Miles east of) KARBU, Maintain 9,000,Information(또는, With) PAPA, Request ILS Runway 14R Approach

조종사 - 서울접근관제, HL1101 KARBU(또는 10마일 동쪽) 접근중, 9,000피트 유지, 공항자동방송 P 수신, 활주로 14R ILS 접근 요청한다.

ATC - HL1101, Roger, Fly heading 270, Descend to 8,000 Expect Vector To (Vectoring for) ILS Runway 14R Approach

관제사 - HL1101, 알았다. 기수 270도, 8,000 피트로 강하하라, 활주로 14R ILS접근하도록 벡터할 것 예상

Pilot - Fly Heading 270, Descending 8,000 Expect ILS 14R, HL1101.

조종사 - 기수 270, 8,000피트 강하, ILS 14R예상, HL1101

4.

ATC - HL1101, (Position 4miles from final approach fix) Turn Right Heading 110, Descend to 1,800 Until Established on the Localizer, Cleared ILS Runway 14R Approach.

Pilot - Right Turn Heading 110, Descending 1,600 Until Established, Cleared ILS Runway 14R Approach,HL1101

Pilot - Seoul Approach, HL1101 Established on the Localizer 14R

ATC - HL1101, (8Miles from Touchdown,) Contact GIMPO Tower 118.1

4. 해석

ATC - HL1101, (Position 4miles from final approach fix) Turn Right Heading 110, Descend to 1,800 Until Established on the Localizer, Cleared ILS Runway 14R Approach.

관제사 - HL1101,(최종접근픽스로부터 4마일 지점) 우선회 기수 110도, 로컬라이저 정대할때까지 1800피트로 강하, 활주로 14R ILS접근을 허가한다.

Pilot - Right Turn Heading 110, Descending 1,600 Until Established, Cleared ILS Runway 14R Approach,HL1101

조종사 - 우선회 기수 110도 정렬될때까지 1600피트 강하하라. 활주로14R ILS접근허가한다. HL1101

Pilot - Seoul Approach, HL1101 Established on the Localizer 14R

조종사 - 서울접근관제, HL1101 로컬라이저 14R 정대됨

ATC - HL1101, (8Miles from Touchdown,) Contact GIMPO Tower 118.1

관제사 - HL1101,(접지대로부터 8마일), 김포관제탑 118.1 교신하라

5.

Pilot - MAYDAY MAYDAY MAYDAY, Seoul approach, HL1101, Fire on the left engine.

ATC - HL1234, Seoul approach, Roger. Say your intention?

Pilot - Request radar vector to final for landing.

Request fire fight and rescue service

5. 해석

Pilot - MAYDAY MAYDAY MAYDAY, Seoul approach, HL1101, Fire on the left engine.

조종사 - 비상비상비상, 서울접근관제, HL1101, 왼쪽 엔진에 불

ATC - HL1234, Seoul approach, Roger. Say your intention?

관제사 - HL1234, 서울 접근관제, 알았다. 의도를 말하라

Pilot - Request radar vector to final for landing.

조종사 - 착륙을 위해 최종접근로에 레이더 유도 요청

Request fire fight and rescue service

소방차와 구조차 요청

6.

ATC - HL1234, Seoul approach, Expect radar vector hold 30 minutes due to traffic.

Pilot - Seoul approach, HL1234, Unable to hold for 30 min, due to Minimum fuel. We have fuel for 20min remain. Request land without delay.

ATC - HL1234, Seoul approach, Roger, Expect Hold 10min due to traffic

---

6. 해석

ATC - HL1234, Seoul approach, Expect radar vector hold 30 minutes due to traffic.

관제사 - HL1234, 서울접근관제, 다른 traffic 때문에 30분 지연을 위한 레이더 유도를 예상하라

Pilot - Seoul approach, HL1234, Unable to hold for 30 min, due to Minimum fuel. We have fuel for 20min remain. Request land without delay.

조종사 - 서울접근관제, HL1234, 30분 체공은 안된다. 최소연료 때문, 우리는 20분간 비행가능 연료탑재, 지연없이 착륙 요청한다

ATC - HL1234, Seoul approach, Roger, Expect Hold 10min due to traffic

관제사 - HL1234, 서울접근관제, 알았다, 다른 traffic 때문에 10분 체공 예상하라

초등학생의 진로와 직업 탐색을 위한 잡프러포즈 시리즈 40

항공교통관제사는 어때?

2024년 3월 15일 | 초판 1쇄

지은이 | 유영미, 임은정
펴낸이 | 유윤선
펴낸곳 | 토크쇼

편집인 | 박성은
표지 디자인 | 이희우
본문 디자인 | 책읽는소리
마케팅 | 김민영

출판등록 2016년 7월 21일 제2019-000113호
주소 | 서울시 마포구 월드컵북로98, 2층 202호
전화 | 070-4200-0327
팩스 | 070-7966-9327
전자우편 | myys327@gmail.com
ISBN | 979-11-92842-72-1(73190)
정가 | 13,000원

이 책의 저작권은 저자와 출판사에 있습니다.
서면에 의한 저자와 출판사의 허락 없이 책의 전부 또는
일부 내용을 사용할 수 없습니다.